CALIGRAFÍA DEL ALMA

MARIO OSCAR LÓPEZ NUÑEZ

PRÓLOGO

Es sorprendente que hayan pasado tantos años como de golpe. Sin vernos ni saber nada el uno del otro -amigos allá en el tiempo joven y la bifurcación de los caminos, el Destino o la poesía -que también es un destino según el decir de Alejandra Pizarnik- han señalado que nos reencontremos en este recodo mágico de la experiencia humana que es el arte. Porque no hay casualidad cuando el momento justo deviene de una sumatoria sostenida, una situación madura busca resolverse en el camino preparado. Y así como en la vida, rememorando las cosas hechas y algún sueño que quedó en el camino, desde en una copiosa charla, Mario López Núñez desgrana los avatares de su ventura y reafirmo una vez más la certidumbre de que, para el ser humano, la poesía siempre ha resultado un lenitivo que de algún modo reconcilia y acomoda las cargas del espíritu, más allá del goce estético. Es entonces cuando surgen los poemas de "Caligrafía del alma" como un bálsamo. En estos versos de Mario, dulcificar es el verbo en constante germinación y agradecer en ellos es la panacea y mejor corolario de su discurrir poético. Así, el influjo indescifrable de las musas se abre paso en este trabajo literario, y las emociones del poeta van fluyendo en los matices de su caligrafía, para comunicar la configuración y la textura de un alma sensible. Estos versos sin duda alguna se fueron tejiendo con la inefable urdimbre de los sueños y a la vez, transidos de intensa motivación experiencial, logran desempolvar los anaqueles de la memoria y rescatar sus nombres amados, los que de diverso modo dejaron impronta en la arena de su existencia.

Ernesto González
Escritor, poeta y músico.

AGRADECIMIENTO

Deseo agradecer primeramente a Dios Padre, Hijo y Espíritu Santo, por darme el privilegio de utilizarme como instrumento en el área artística, a mis padres por traerme a este mundo tan maravilloso que diariamente me enseña algo nuevo. Mi familia, y al referirme a ella digo gracias a mi esposa María Elena por apoyarme incondicionalmente en todo siempre , a mis dos hijas, Sol y Sofía catedráticas en el arte de como criar hijos, mi nieto Emiliano, luz de mis ojos, a mi amigo Leopoldo González quien es incondicional en lo artístico y en lo espiritual, también a mi amiga Mariela Caruso, colega en lo artístico y también en lo profesional. y a todos aquellos que hicieron posible dar a luz este libros, gracias, gracias, gracias.

Mario Oscar López Núñez

CALIGRAFÍA DEL ALMA

"No hay espejo que mejor refleje la imagen del hombre que sus palabras."

— **Juan Luis Vives (1492-1540). Humanista y filósofo español.**

Con el puño del corazón,
empuñé por pluma mi alma,
y sin buscar la rima consonante
brotaron libremente las palabras.

En borbotones ardientes
que se enquistaron en frases
fueron tomando impulso
para convertirse en paisajes.

Cuando paisajes refiero
vuelven presto a mi memoria
parajes multifacéticos
que en mi mente siempre yacen.

Fluye ágil la pluma
por sobre el lienzo de mi mente
sin detenerse siquiera
en meditar el presente.

Mi alma tiene su letra
de accesible lectura,
plasmada sobre el renglón
desde mi humilde cuna.

Cada oración que escribe
letra por letra desmenuza,
quitando el velo que me abriga
y desnuda mis entrañas.

Este heraldo oficio
de transcribir emociones,
atrapando sensaciones
que flotan en el éter.

Me convirtió en instrumento
que cada tanto mi musa
empuña mi corazón
caligrafiando mi alma.

ESPOSA MIA

"El verdadero paraíso no está en el cielo, sino en la boca de la mujer amada."

— Théophile Gautier (1811-1872). Poeta, crítico y novelista francés.

Quien pensara que en febrero
florecen fragantes rosas,
el sol resplandecer tan intenso
en ti mujer primorosa.

Supuse que eras un sueño
un sutil y añorado espejismo,
aturdido yo sin lograr discernir
si fueras una argucia del destino

Más trataba de olvidarte
persuadiendo a mi intelecto,
aunque el sabio corazón
persuadía en su empeño.

Internamente te miraba
como quien hojea un álbum
deteniéndome en cada retrato
que mi mente recreaba.

Tu jovial y cautivante estampa
era imán irresistible a mis ojos
convirtiéndome en prisionero
entregado a su poder amoroso.

En un acto de pasión
pudo mas la premura
y suavemente te abracé,
sellando con un beso mi ternura.

El breve tiempo transcurrido
confirmaría la química
en moléculas y partículas
que por **amor** están compuestas.

La decisión certera dispuesta
de formar una familia
era el deseo profundo
que desde siempre existía.

Nunca creí en el destino,
tampoco en la suerte misma
pero Dios en su benevolencia
me premió con una joya exquisita.

El tiempo nos enseñó
a entender que matrimonio
es mucho más que una sociedad
donde dos se comprometen
a vivir en libertad.
A tu lado yo aprendí
que es mejor escuchar
antes que arremeter
respuestas sin razonar.

Que el tiempo tiene su precio
el esfuerzo es primordial,
cada cosa tiene un orden
y que la vida es prioridad.

No tengo oro ni plata,
tampoco castillos de cristal
soy propietario de un diamante
privilegiado en guardar.

Nunca anhelé fortuna,
éxito, fama o popularidad
más el Creador Eterno,
me colmo con tu espiritualidad.

A pesar de que la vida
no siempre me brindó regalos
sabiendo que lo material no cuenta,
me recompensó con creces
con dos hijas que amo.

Amada esposa hoy te escribo
desde lo mas profundo de mi **alma**
para decirte que hoy cuento
con una amiga, amante y compañera,
que valió tanto la espera,
a mi corazón desengañado,
hoy pleno de avidez....

"Decirte eternamente: **Te amo**"

PAISAJE INTERIOR

"La soledad es la gran talladora del espíritu."

— Federico García Lorca (1898-1936). Poeta y dramaturgo.

Cuando anocheciendo
va en la crepuscular sombra
aquietando en secretos
al espíritu de anhelos cansinos,
crece la noche,
el desahogo de la noche.

En rocío de cantos salvajes
tiñe el desamparo del **alma,**
el monótono titilar de las estrellas,
un perfume prematuro, invernal
carcome mis sentidos insensibles
de apremiar la naturaleza queda
en misteriosa tenebrosidad.

Pensar en algo,
alguien a quien recordar,
amodorra la memoria,
nacen las ganas de llorar
sin un casual por qué.

Cambio repentino
me transformó en sigilo,
penumbra, oscuridad.
batalla interna sin piedad
herida vana de curar
fuego fatuo que quema sin quemar
la tarde dolida en la eternidad.

DUELO

"La muerte no es más que un sueño y un olvido."

— Mahatma Gandhi (1869-1948). Político y pensador indio.

Danza de la muerte pálida
por sobre las tumbas frías,
llanto de los terruños
entre las quietudes heridas.

Vislumbre de las entrañas
que enceguece los recuerdos,
asomo de cipreses en luto
vigías del camposanto,
ecos de los metales
colmando al viento de cantos.

Destino universal
de volver donde la nada,
mortaja de las secuencias
que envolviendo va el **alma**.

Razón que estruja al corazón
de justificar la falta,
misterio helado,
profano del mismo miedo,

quietud que aclama en secreto,
incertidumbre por dentro.

Danza de la muerte pálida,
sobre del oprimido lecho
llanto escandalizado
entre los rostros perplejos.

DESTINATARIO

"Ayudadme a comprender lo que os digo y os lo explicaré mejor."

— Antonio Machado (1875-1939). Poeta y prosista español.

Comprender tantas cosas
tal vez sea la razón,
intuir quien es uno
para conocer lo que se tiene en rededor.

Contemplar las cosas
y aprender sus virtudes,
errores, comparar valencias,
apreciar sus dones.

Conocerse uno mismo
observar las instancias,
moderarse a una estampa,
comportarse fielmente a un sentido
 y no de hipócritas artimañas,

Discernir sobre el centro
en que se gira,
la orbita que uno habita,
para no salir de ella
y divagar en un infinito

universo de dudas.

PUBERTAD

"Cada día es una pequeña vida."

— Horacio -65 A.C. - 8 A.C. Poeta latino.

¿Por qué las secuencias
crecen vertiginosamente
a mi alrededor?

¿Por qué un rosal
tan ufano elabora un pimpollo
que el viento habrá
de deshojar marchitado?

¿Qué nos conduce
a convertir nuestros sentimientos
en una sensación vaga extraña
hasta trastornarnos?

¿Por qué nos envanecemos
sin darnos cuenta,
nos destruimos en átomos
altaneros que humillan al humano?

Y así brota apremiante la ansiedad

de gritarle a un oído sordo y terco
verdades desconocidas,
que nunca hubiese querido escucharlo.

VILLERO

"La indiferencia engendra odio."

— Stendhal (1783-1842). Escritor francés.

Alejados de la sociedad
donde comienzan los campos,
matorrales impenetrables
surcados por senderos gastados.

Sin calles, agua y alumbrado
se amotinan como castillos de arena
las frágiles taperas, refugios
de los marginados.

Allí moran los sin después,
los sin ahora, los sin futuro,
aquellos a quienes llaman
los villeros delincuentes sin laburo.

Ay, hermano, nacido en una villa
y en esto a los dos nos hermana
que por sufrir al igual que yo
somos de la raza humana.

Tu casa, por así llamarla
surgió en un potrero
que pastizal de por medio
fueron los únicos cimientos.

Las paredes de cartón
y por techo algunas chapas,
si hasta a veces los agujeros
son tan grande
que en una noche cualquiera
la luna te ilumina el **alma.**

Y si cuando la lluvia arremete
no comprende tu desgracia
no sabe que al ser villero
te robará la esperanza.

El haber nacido pobre
cierne en tu linaje un estigma,
de itinerar casa por casa
pidiendo por comida.

Cuando tus manitos golpean
las puertas del vecindario
nunca falta la respuesta:

no hay pan duro, ni leche cortada
reflejando en la respuesta
la mezquindad enquistada.

Ser pobre no es vergüenza,
Habitante de una villa,
es solo una consecuencia
de aquellas mentes caducas
que no conocen la regla
que mientras reine el egoísmo
siempre existirá la miseria.

DESOLACIÓN

"El verdadero dolor es el que se sufre sin testigos."

— Marco Valerio Marcial (40-104). Poeta latino.

Pasan las noches
bajo de un cielo
de estrellas opacadas,
Inertes, desoladas.

Me envuelve
el frío en sus alas,
hielan mis palabras de **amor,**
Apagándose mi mirada.

Rutina de no tenerte
me transforma en un objeto sin brillo
ha cambiado mi temperamento
transportándome en un mundo
habitado de hastío.

Me hundiré en lo profundo
del ambiente que habito,
para charlas con mis cuitas
bajo una noche estrellada,
tiendo por solo testigo

la luna que destella en mi mirada.

AL ANGELUS

*"Un instante de gozo del corazón vale más que dos horas de placer
de los sentidos."*

— August von Kotzebue (1761-1819). Dramaturgo alemán.

¡Qué bellos son los atardeceres
al ir fundiéndose en el firmamento!
Están plenos de pureza,
primándome de quietud por dentro.

¡Qué tierna actitud la de una abeja!
libar el néctar de una sutil flor,
para luego transformarla
en un delicado licor.

¡Qué esencial es la naturaleza!
Quien unirá a cada ser a su pareja
más halla de la incansable búsqueda
del **amor** y sus riquezas.

Qué hermoso es percatarse
en la calidez, honradez del humano,
gente que todavía existe,
respetando la palabra amigo, hermano.

Es reconfortante observar
la ingenuidad en la plenitud
de unos ojos diáfanos,
desvisten su **alma** con solo mirarlos.

¡Osana a las manos
Del Creador Eterno,
Quien hizo posible
tan bello universo!

TRES DESEOS

"Hay algo que da esplendor a cuanto existe, y es la ilusión de encontrar algo a la vuelta de la esquina."

— Gilbert Keith Chesterton (1874-1936). Escritor británico.

Solo yo comparto la noche,
me acompañan la brisa,
la luna, la calma,
anhelo tres deseos en mi **alma**.

Un aroma a sereno
va inundando mis entrañas,
volutas de humo nos dibujan
acrecentando mis fantasmas.

Tu mirada enciende
mis olvidados luceros,
huérfanos de luz llenos,
Preñados de recuerdos.

Irrumpes de repente en mi corazón
cual fuego dantesco sin control,
sin más señales que un adiós
la llama se apaga cual tizón.

Un astro fugas surca el firmamento,
Atino a pedir tres deseos,
Háblame, no partas, te espero,
Tan solo tres deseos.

No te olvides de mi,
y sigo contemplando ese cielo
inmóvil me quedo,
estrella fugaz, diamante etéreo.

Solo yo comparto la noche,
El humo del cigarrillo
se apodera de mis sueños
imagino ahora el eco de un te quiero.

AYER

"Todo es muy difícil antes de ser sencillo."

— Thomas Fuller (1610-1661). Clérigo y escritor británico.

Ayer caminé por la vida
con pasos de inseguridad,
contemplé sus vastos paisajes
complejos de relatar.

Ayer caminé por la vida
observando su geografía,
hallé valles, sierras
grandes desiertos de atravesar.

Ayer caminé por la vida
contemplando a los demás,
caravanas interminables
con personas sin rumbo ni identidad.

Ayer caminé por la vida
y en el caminar hallé,
a una sociedad dividida
cada uno en su ideal.

Ayer caminé por la vida
y me pude percatar
que era uno de los tantos
que por la vida caminando va.

CONFESIÓN

"El hombre honesto no teme la luz ni la oscuridad."

— Thomas Fuller (1610-1661). Clérigo y escritor británico.

Noche amiga
compañera de mis desvelos,
tu conoces mis angustias
y compartes mi tiempo.

Noche que abrigaste
mis cálidos recuerdos,
haced que regresen a mí
envueltos en tu tibio seno.

Tráeme con las letanías
de los cantos de grillos eternos,
los sabores de mi ayer
la nostálgica estampa de bohemio.

Noche amiga
luna cómplice sin dueño
alúmbrame las horas,
Alégrame el firmamento.

Brindemos juntos,
celebremos las confidencias
que noche a noche tenemos,
para girar con el universo
en un dueto eterno.

AMOR VENIDERO

*"**Amar:** cambiar de casa el **alma**."*

— Constancio C. Vigil (1876-1954). Escritor y periodista
uruguayo.

Cuando el verano
envuelva sus mieles
en mi frío cuerpo,
amanecerá la luz
sobre ocaso de mi espíritu.

Cuando tu como el verano
llegues a mi ser,
me embriagaré de tu **amor**
como las flores del sol.

Cuando la música
de nuestras almas
estallen de color,
un universo de poemas
nos llenará de **amor**.

Cuando la dicha
de sentirte mía,
estremezca mi corazón,

podré entonces escuchar
al viento susurrar tu voz.

AMIGO MARTÍN
(A mi amigo Martín Royano)

"Ni la ausencia ni el tiempo son nada cuando se ama."

— Alfred de Musset (1810-1857). Poeta francés.

¿Dónde estaba la suerte
cuando la necesitabas?
¿Por qué la decisión de partir
hacia el infinito?

Tu tibia mirada
de niño travieso
se instaló en las nuestras
chiquilín de barrio y potreros.

La amistad, nuestra amistad
sería el sello personal,
que grabó a fuego lo existencial,
hermano, amigo fraternal.

Tan solo recuerdos
ahora nos quedan,
anécdotas, aventuras
que hoy desearía rememorar.

Ocurre que se me quiebra la voz
y un nudo en mi pecho
Estrangula mi corazón,
¿Cómo gritar que te extraño con todo el dolor?

Quien, como tú,
nunca te faltaron fuerzas
para enfrentar lo peor
y con una franca sonrisa
ponerle a la vida color.

¿Sabes una cosa hermano?
Quisiera encontrarte esta noche
en compañía de mis sueños,
o en el trino alegre
de un salteño gorrión.

EL ARTE DE HACER REIR

"La risa es el sol que ahuyenta el invierno del rostro humano."

— Víctor Hugo (1802-1885). Novelista francés.

Hacer reír es un verdadero don,
es buscar la alegría en el fondo del corazón
es conjugar los verbos del **alma**
en tiempo imperfecto, combinando
las tristeza, penas y preocupaciones
y convertirlo en gracioso soneto

Hacer reír es convertirse en equilibrista
que camina por la cuerda floja de los avatares de la vida ser un
humilde albañil que levanta paredes con los ladrillos de los
sentimientos,
para que dentro de ese edificio habite la felicidad, si quiera por un
momento.

Hacer reír es toda una obra de arte,
donde el que oficia de artista,
despliega todo su talento en pos de alegrarte.

Hacer reír es ser un inofensivo ladrón que rebusca dentro de tu ser lo
más preciado, lo inalcanzable para los demás, que lleva por nombre:
sonrisa, gozo y paz,

y que con su arsenal de parodias
tu rostro iluminará.

Hacer reír es un acto temerario
donde el atrevido cómico,
tomará a la vida como a una hoja en sus manos e irá destruyendo
cada estructura, armazón, armadura
que la sociedad a construido en tu pasado.

Por que el hacer reír es un simple acto de dulzura, es escaparle a la
cordura, a la rutina a la semana:
es poder escuchar de alguien que te dice: ¿sabes?
¡ja! si que me hiciste reír sin ganas.

PROFESION DE ALMA
(A todos los que ejercen la noble profesión de la docencia)

"Un profesor trabaja para la eternidad: nadie puede decir dónde acaba su influencia."

— Henry Adams (1838-1918). Escritor y historiador.

Antes que el despertador sonara
ya te hallabas ajustándote la corbata,
repasar con el peine el cabello
y revisar que no te faltara nada.

De camino hacia el colegio
un sin fin de pensamientos
por tu mente navegaban,
¡claro, era la primera clase que dabas!

El timbre inoportuno
que desde el patio sonaba
te volvió a la realidad, respirar profundo
traspasar la puerta, y ahí, ya estaba el aula.

Caras adolescentes
de pié te saludaban
¡Buenos día profesor!
Atinaste a responderles:

-Buenos días alumnos, pueden tomar asiento

Tu voz firme y serena
Impactaba las conciencias,
de esas miradas atentas
que escuchaban tu materia.

Así pasaron los días
y te ganaste la atención
de esos jóvenes inquietos
que hoy llevas en el corazón.

Cuando alguno amagaba
después de tirar papelitos
distrayendo a su compañera
lo mirabas con rostro serio...
y retumbaba en el aula tu sentencia:
"Eso, no es de un caballero"

¿Te acordás de aquel día
que te sacaron canas?
por que ya habías repetido
más de tres veces...
- ¡Señores, hagan silencio
que no estamos en la cancha!

Y bueno... La sentencia
fue breve, tomen nota señores,
de la pagina cincuenta a la sesenta
habrá prueba de esto...mañana.

Al llegar el nuevo día,
todos en silencio esperaban
Que el implacable juez
su sentencia aplicara.

Grande fue el desconcierto
Al verte escribir en la pizarra,
El tema que había quedado
Inconcluso de la clase
anterior pasada.

A tu lado aprendieron
no solo de tu materia,
también a esgrimir la palabra
acompañada de decencia.

Comprendieron que ese hombre
que compartía su sapiencia,
también era el ejemplo
que forjaría sus conciencias.

Cuando al llegar al final
de sus carreras tesoneras,
ellos mismos comprendieron
que fuiste un instrumento,
el pizarrón, la tiza y los pupitres
pueden hoy dar testimonio de ello.

Ahora que ya son hombres
algunos tal vez sean hoy colegas,
otros siguieron su meta,
alentado por tu carrera.

Pero hay algo que tu no sabes
que esos jóvenes de ayer,
Cada tanto te recuerdan
Y a través de esta humilde poesía
Quieren decirte hoy
¡Muchas gracias, Profesor
por su sincera dedicación!

UN HOMBRO PARA LLORAR

"El sueño es el alivio de las miserias para los que las sufren despiertos."

— Miguel de Cervantes (1547-1616). Escritor español.

Cuando sobrepasada la mente,
desbordada en sinsabores
la vida cambia de colores
y se transforma en un cisma.

Surge en la mente batallas
que con ejércitos militan
sin dar tregua siquiera,
a las antiguas heridas.

Y como hábil artesano
habituado al telar
desmadejas los ovillos
que enredados están.

Escuchar es tu consigna
y en cada discurso anotar,
las desgarradas miserias
que luego luz aportará.

Cada paciente es un mundo
un ser único y especial,
es un juego de ajedrez,
un jaque mate a la realidad.

Ese mundo pequeño
que tienes por consultorio
se transforma en un cosmos
de opciones y decisiones.

Sin darte cuenta tal vez
tu hombro es el confesionario
donde las lágrimas añejas
se vierte en vino amargo

Trabajosa labor la tuya
de encadenar pesares,
desentrañar sentimientos
arraigados en ambigüedades.

Un hombro donde llorar
tanta angustia harta pena,
(*) estantiguas incesantes
que arrastran cadenas perpetuas.

Cerrajero de la mente
que tenaz buscas la llave,
para abrir los portillos
de corazones cerrados.

Llegará por fin el momento
en que la llave gire
suavemente en la cerradura,
y poder entregarme la luz
que por tiempo estuvo privada.

Entonces ese tu hombro
se transformará en abrazo,
fundiéndose en cálida indulgencia
que las deudas de mi pasado
ya por ti se han cancelado.

(*) *Estantigua: Procesión de fantasmas*

EL DÍA QUE NACISTE
(A mi amigo Eduardo Subirana Farré)

"Una amistad noble es una obra maestra a dúo."

— Paul Charles Bourget (1852-1935). Escritor francés.

El día que naciste, nadie sospechaba que un gran talento se hallaba oculto en ti. Vendrían los días de la infancia colmados de sueños, fantasías, ilusiones; ilusiones que como ese barrilete de papel de diarios y de caña, remontado por el piolín de la esperanza, ganaría el cielo cobrando altura propia de los grandes soñadores.

¿Sería tal vez la presencia de los circos que rondaban nuestra tranquila Salta que traían alegría, diversión y magia? ¿O... la expectativa de esperar la hora de escuchar en la radio la voz que anunciaba el inicio de nuestro querido radio teatro?

¡Cuanta fantasía había en todo aquello!, ¿Te acordás hermano?, si hasta el mundo y la vida misma parecía congelada en una postal de bondad y honestidad.

Eran tiempos donde para contar un cuento no se necesitaba ser grosero, incluso nos reíamos indefinidamente cada vez nos acordábamos del mismo.

A veces me pregunto ¿habrá sido por las revistas Hobby o Mecánica Popular tu veta de inventor? Y... la respuesta es clara: "tu curiosidad innata te hizo inventor".

Intuyo que tu sangre hispana te conmovió hasta el **alma** al escuchar pasodobles, zarzuelas y fandanguillos y aquí comenzó tu romance con el piano y violín y en un abrir y cerrar de ojos la música te atrapó para siempre.

Sin pensarlo un instante te hallaste dentro de un estudio, y era un estudio de radio y con un libreto en mano te paseabas de un lado al otro ensayando esas líneas nervioso de tu debut ¿Te imaginas que julepe que tenías? ¡Y claro si toda la muchachada y las vecinas del barrio te iban a escuchar!

Vendrían los días de radio, matizados con música, teatro y estudios, y cuando me refiero a estudios estamos hablando de libros, esos fieles compañeros que siempre los tenés a mano y cuando surge la duda ellos te están ayudando.

Y en un abrir y cerrar de ojos, se hizo presente "La Magia de la Zarzuela", y tomado de la mano de La dama del Azafrán entraste en una nueva etapa.,

Hacer zarzuela, no hubo como siempre un detalle librado al azar, desde la iluminación, sonido, escenografía y hasta el mismo violín fueron de tu mano ese gran aliciente que todos esperábamos ver y escuchar.

La Magia de la Zarzuela y en tu vida apareció ese ángel de dios que seguramente te susurró al oído: - Lalito, es hora de tomar la galera y de ponerse el frac. Estoy seguro que ese día sentiste la misma emoción que cuando tuviste que hacer por primera vez un radio teatro.

Y la magia te fue conquistando y así nació El Mago Piuman que supo deleitar con su destreza convirtiendo del auditorio un festival de alegría, asombro y suspenso; pero aquí no termina todo, como artista, un profesional sin igual, como hijo fuiste tan avocado a tus padres como a tu hermana..." Nena".

Relegaste tu vida en pos de los demás, siendo siempre el buen samaritano del siglo veinte y veintiuno, practicando la humildad, la caridad y el **amor** a ese prójimo que sin importarte tu tiempo, el día y la hora, dejaste de lado tus necesidades para darlo todo sin esperar nada a cambio.

¿Sabes Amigo?, no es fácil poder plasmar en papel todo lo que uno siente, usar palabras que traten de encerrar la nobleza de espíritu que El Señor te dio, contarle a la audiencia quién es Don Lalo Subirana Farré.

Creo que el secreto de toda esta magia que te rodea, reside en el **amor**, ese **amor** que no es material y sentimental, sino en el mismo **amor** que se halla en las personas que ya nacieron de cuna por que como dice el refrán:

"El señor...no se hace, sino se nace".

Por ello hoy 25 de abril llegó el momento de correr el telón del **alma** y decirte: "Amigo Lalo que Dios te siga dando fortaleza para continuar cosechando todo lo que hasta hoy viniste sin saber, sembrando en los corazones de todos los que te conocen y te amamos".

FABRICANTE DE ALEGRÍA
(A mi amigo Rodolfo Aredes y su Muñeco Pepito.)

"Quien nos hace reír es un cómico. Quien nos hace pensar y luego reír es un humorista."

— George Burns (1896-1996). Cómico estadounidense.

Cuando Luis y María estaban en la dulce espera, no sabían que un
martes 23 de marzo la cigüeña haría su triunfal entrega.
No sospechaban siquiera
que en ese frágil corazón de infante
latía vigorosamente un soñador,
Incansable, a un artista admirable.

Eran los tiempos en que los circos
visitaban nuestra tierra,
con payasos, tónis, trapecistas
magos que cautivaron tu alma
forjando ya de pequeño
a esta tu alma inquieta.

Y un día sin darte cuenta
te subiste a un escenario
recitando una poesía
a un público emocionado,
siguieron luego los actos
que de faquir realizabas,

o cuando de payaso hacías
reír al público a carcajadas.

La vida tiene sus vueltas,
que alternaste con mil oficios,
las manos manchadas de aceite
reparando algún motor,
o lidiando con una radio
por culpa de un transistor.

Te vimos con una cámara
apuntando desde el objetivo
capturando tantos eventos,
casamientos, cumpleaños
 y bautismos.

Y como si fuera poco,
porque al pan hay que ganarlo,
alguna endiablada cocina
reparabas sus hornillas,
mientras que un calefón taimado
hacía renegar a su dueño,
vos con tus herramientas
lo hacías funcionar al pelo.

Pero...Un día de Perú
desde el Puerto del Callao
llegó a tus manos un muñeco,
que bautizaste Pepito
quien cambiaría tu vida,
y sentado en tus rodillas
serían una dupla inseparable
que charlando frente al público
llevarían la alegría.

Recorrieron tantas rutas,
en misiones solidarias,
parajes intransitables
llevando alivio y alegría
a esas personas olvidadas.

Mil de escuelas los vieron,
millares changuitos nuestros
fueron los reyes magos
que arribaron con sus alforjas llenas
de ropitas y alimentos.

Fueron Rodolfo y Pepito
los dignos embajadores
de anónimos colaboradores,
que dieron a mano llegan
no lo que les sobraba,

sino hasta lo que tenían puesto

De la mano del Señor
cincuenta años comparten,
aunque juntos a veces discuten
igual que un hijo y un padre
y nos arrancan carcajadas
con algún disparate.

Yo te agradezco hoy,
Rodolfo, Pepito,
en nombre de los oyentes,
porque al recordar mi infancia
me veo riéndome de sus ocurrencias.

Y la pucha que caigo en cuenta
que ese niño que llevo adentro
no se murió con el tiempo,
sino que se alegra de estar vivo
a pesar de que ya soy un hombre.

Gracias por su alegría,
gracias por sus ocurrencias,
por la generosidad que no se mide
y que realmente cuenta,
que El Tejedor de Sueños

en esta noche salteña,
los colme de bendiciones
por su desinteresada presencia.

LA ORACION DE UN PAYASO
(A mi amigo Carlos Melian, El Payaso Batuque)

"La alegría ha sido llamada el buen tiempo del corazón."

— Samuel Smiles (1812-1904). Escritor y reformista escocés.

Gracias Señor te doy por este día
pero, por sobre todas las cosas,
por el don que en mi alma pusiste
de llevar a mi prójimo, alegría.

Gracias por ver al mundo
no con los ojos que miran
aquellos que sin reparo
roban, castigan o matan a sangre fría.

Agradezco por la pasión
que en mi corazón sembraste,
la sensibilidad soñadora
pues me convierte en payaso.

Solo tu Señor conoces
mejor que nadie mi vida,
cuando estoy triste, enojado
o me agobia la injusticia.

Cuando retoco la peluca,
mis zapatones, el traje multicolor,
siento vibrar en mi cuerpo
la fuerza que da el **amor**.

Y cuando digo **amor** refiero,
a todos, grandes y niños,
que me esperan con cariño
para hacerlos divertir.

Gracias Señor te doy
por aquellas ocurrencias
que cautivan las tristezas
y las convierten en risas.

No existe Señor para mí
mejor paga que el milagro
de aquel niño triste que se ríe
con los chistes de un payaso.

Señor te doy gracias infinitas
por este noble oficio abrazado
de intentar día a día,
hacer de este mundo más humano.

DOCTOR JORGE CAVALLO

"Nada grande se ha hecho en el mundo sin una gran pasión."

— Friedrich Hegel (1770-1831). Filósofo alemán.

Ser Médico rural es una profesión llena de desafíos y sobre todo sacrificada, sea esta poesía el humilde Reconocimiento para todos aquellos abnegados médicos rurales a través del Doctor Jorge Cavallo.

Está escrito que Dios conoce
ya el destino de nuestras vidas
antes de que naciéramos,
y así viniste a este mundo
sin saber que un día abrazarías
la medicina por apostolado.

Sabe el cielo que la estrella
de galeno comenzaba a llenarte
de sus rayos marcándote el camino
que recorren aquellos seres
entregados con empeño en la lucha
de mitigar el dolor ajeno.

El arte de curar fue siempre
para ti un desafío
el releer viejos tratados

escritos por maestros eruditos
fue forjando tu carácter
de profesional con ahínco.
Cuantas guardias infinitas
cubriste en la dura espera
de que al tocar la puerta
ingresara al consultorio
un paciente en estado de emergencia

Dejar el miedo de lado,
doblegar los nervios
y poner en práctica
lo que la ciencia te enseñó,
improvisar de la nada,
encontrarle al problema solución.

El medico no se hace médico,
como dijera de inicio,
fue el destino que tu trajiste
dentro de tu corazón,
es el latir de tu sangre
al compás de un ajeno corazón.

El médico ya nace médico
es una herramienta
en las manos del señor,
es el certero bisturí

que extirpa, primero
los dolores del alma
luego alivia del cuerpo el dolor.

Formaste una familia
que fue siempre tu refugio
tu esposa y tus hijos,
fueron el motivo
de continuar con tus sueños.

Y... sin querer no te diste cuenta,
que en tu diario caminar,
pusiste la mano en el arado
y surcos se abrieron para sembrar
las semillas que son los hijos
que ahora ya dieron frutos que cosechar.

La ciencia medica te hizo doctor,
tu noble cuna, todo un señor,
la humildad una marca indeleble
la honestidad tu estandarte,
pero lo mas importante...
es que nunca te olvidaste,
que la amistad no tiene precio
cuando el corazón es tan grande.

PALABRAS A MI MAESTRA

"La clave de la educación no es enseñar, es despertar."

— Ernest Renan (1823-1892). Escritor francés.

Con toda la emoción que me embarga para mis primeras maestras.
Yiyí Luna y Graciela de Dousset.

Una mañana temprano
de tañer luego la campana,
te vimos ingresar al aula,
delantal blanco como una novia,
un portafolio de cuero
 y una radiante mirada

¡Claro...! Éramos caritas nuevas
colmadas de expectativas, anhelos,
algunos...con caras de sueño
y otros te observábamos atento.

De tu mano nos llevaste
a ese mundo desconocido, nuevo,
donde los primeros palotes
se transformarían en vocales, palabras, números, frases, enseñadas
con esmero.

Con paciencia indescifrable
nos develabas misterios, combinando el alfabeto, pluma, tintero por
instrumentos.
Aprendimos a escribir nuestros nombres, mamá, papá
y también... Te quiero.

Cuando nos enseñabas de historia...
¡Qué emoción, qué momentos!
Narrabas con tanto ímpetu la gesta
de esos valientes que lucharon por este suelo.

Un general San Martín, heroico que libertó tres naciones,
un General Belgrano tesonero gestor de nuestra bandera,
un General Güemes que sangre de puros gauchos batieron al
enemigo liberando nuestras tierras.

Hablaste con emoción de Domingo Faustino Sarmiento,
que al igual que tu ahínco, enseñaba a los desposeídos.
Fue el mentor de las escuelas y formador de maestros,
que como dice su himno: Que la luz del ingenio ilumina
la noche de la ignorancia, y eso nos dio constancia
para aprender día a día.

Cada día que tu entrabas
de pié todos te coreábamos: ¡Buenos días, señorita!,
era como palabra mágica que te inyectaba energía,

por que no solo eras maestra, sino también madre y esposa que,
terminada la clase, otro mundo te esperaba.

De compartir el breve tiempo con tu familia en tu casa,
que siempre le retaceabas causa de algunos cuadernos
o tareas programadas.

Hoy mi querida maestra con estas sencillas palabras,
quiero recordarte siempre con ese delantal blanco y tu profunda
mirada, que bastaba tan solo mirarnos de reojo,
para preguntarnos al oído ¿esta todo bien? noto triste tu cara.

Decir en este papel gracias
por que con ese **amor** tan inmenso
yo aprendí a leer a escribir y por sobre todo valorar ese **amor**
inmenso que todavía hoy veo en tu cara.

RESCATE

"Cuando gozamos de salud, fácilmente damos buenos consejos a los enfermos."

— Tácito (55-115). Historiador romano.

A quién le importa
de donde viene,
si el dolor no es exclusivo
a clase en particular.

Si es indigente, pobre o rico
lo miramos como a una lacra social,
nunca nos detuvimos un segundo a pensar, por qué ese ser humano
es distinto a los demás.

Lo encontramos por las calles
vagando, iracundo, perdido
como un ave herida,
sin poder volar.

Su aspecto...Despierta repulsión.
evitamos el contacto,
nos alejamos rápidamente...
...No nos mueve a compasión

"Es otro de esos dementes,
que no tiene salvación".

Alguien dijo: El hombre nace libre
y la sociedad lo encadena,
son tan pesados sus grillos
que a su alma le pesa,
arrastrar por la vida ese manto
de tristeza.

Su familia...con él no puede
ya perdieron las esperanzas,
le hablaron de tantas formas
que se agotaron las instancias.

A él, o ella poco le importa,
lo que el día de hoy depara,
ocurre que un día cualquiera
la droga lo tomo con sus garras.

Primero invadió su cuerpo
para quitar sus dolores,
siguió luego con su mente
apaciguando sus temores
¡Hasta que por fin triunfó!
Matando su alma de una sola dentellada.

Cuantas veces escuchamos
decir a las personas...
"Son unos drogadictos
que habría que ponerlos en fila
y fusilarlos en paredones.

Ahora yo me pregunto:
si vivimos en un mundo
lleno de tecnologías y ciencias
¿Porqué entonces el humano
retrocedió en su esencia?

Si existen tantas fábricas,
industrias, empresas...
en este preciso instante
mueren niños, presos
por desnutrición y pobreza.

Los pocos que sobreviven...
conforman nuevas familias,
donde el rencor, el odio
y la bebida conviven con la violencia

También hay de otros estratos

donde papá y mamá,
no comparten ni la mesa,
nadie habla con sus hijos,
y a ese vació con dinero,
diversión o lujo creen que lo llenan.

Reza el viejo dicho:
"Cuando se macha un pobre
le dicen borrachón,
cuando lo hace un rico,
que alegrito está el señor"

Y... ¿Cómo diríamos entonces?
"Cuando se droga un pobre
es un pichicatero infernal,
y cuando lo hace un rico
pobre...sufre de depresión temporal".

Ya no busquemos culpables
ni justificar las causas,
"La droga nos está robando
la semilla que es el hombre
que gobernará el mañana"

Cuando veas a un drogado

que en realidad es un enfermo...
piensa solo un instante
que tu hijo podría serlo.

Dios quiera que el dinero
no solo sirva para festejos,
diversión y lujo,
que en algún momento
podamos rescatar a aquellos
que por nuestras mezquindades,
lo empujamos, tal vez sin saberlo
a evadirse de este mundo
lleno de privacidades.

"Que Dios te levante como a Lázaro
de esa muerte irremediable,
por que como Jesús dijera:
aquel que crea en mí...aunque este muerto vivirá.

RES UBICUMQUE SIT, PRO DOMINO SUO CLAMAT

(Donde quiera que se encuentre algo, esta clama por su dueño)

Cuando ya la luz
no brille mas en el cielo
y sienta que todo
es un infierno.

Y si busco una salida
a todos mis pesares,
los caminos me atrapan
conduciéndome a un desierto.

Eres tu mi Jesús,
quien me toma de su mano
y la calma vuelve a mí,
con su paz me va inundando.

Cuando caigo derrotado
y el fracaso de mi se ha apoderado,
eres tu quien me levanta;
y me carga entre sus brazos.

Si la cruel tempestad,

con sus olas me golpea,
y me siento naufragar
en un mar de problema.

Con tu voz serena y clara
apacientas la marea
y la mar embravecida;
dices: ¡Calla! y se aquieta.

Ahora puedo comprenderte
y sentirte aquí a mi lado,
tan solo al decir tu nombre
tu esplendor borra la oscuridad
en la que me hallaba atrapado.

CARTA PARA UNA MUJER HERIDA

"El verdadero dolor es el que se sufre sin testigos."

— Marco Valerio Marcial (40-104). Poeta latino.

Como toda mujer siempre soñaste
con encontrarte con el príncipe azul,
fundirte en un fuerte abrazo,
y desmayarte en un beso arrebatador.

Como toda mujer esperaste,
la protección tierna de unos brazos
gentiles que resguardaran
tu ser y contuvieran tu esencia.

Confundiste sus celos
como un acto de pasión,
sus continuos enojos
cual infantiles berrinches
propios de los que dicen dar **amor**.

Quién diría que luego
esas tiernas manos,
que acariciaban tu piel
serían la cruel herramienta
esgrimida como espada a tu ser.

Cómo pensar que esas palabras
que antes a tu oído susurraba,
y te embriagaban de adoración
hoy son puñales clavados
en el fondo de tu alma.

Cuantas veces trataste
de conciliar un arreglo,
de salvar ese...supuesto **amor**
que te flagela tus más profundos sueños.

Y a pesar de sus disculpas
de los indefinidos ruegos,
creíste que cambiaria
y volvería a ser todo sereno.

Las batallas trataste de vencerlas
ocultando tu dolor en el silencio,
más con ruindad sus palabras
tu dignidad la fue degradando, destruyendo.

Hoy como toda una mujer,
sabes que ya ha pasado el tiempo

es momento de levantarse
y escapar de este tormento.

Reconocer que quien te ama
no aprisiona tus sentimientos,
no te encarcela con lazos
de celos e inseguridad,
sino que es aquel que de manera
incondicional vela por tu integridad.

Es aquel que como diría el poeta
no te dañaría, ni con el pétalo de una rosa, serías siempre para él
motivo de su alegría y las horas que llenan sus días, el orgullo de su
real hombría.

No mires atrás mujer,
que la vida no retrocede,
no temas en levantarte
por mas bajo que cayeres,
piensa que existe un Dios
que también ama a las mujeres.

SOPLO DE VIDA

"La vida no se ha hecho para comprenderla, sino para vivirla."

— George Santayana (1863-1952). Filósofo y escritor español.

(Voz de indicación del director)

- Luces, enciendan cenitales azules...

(levemente, casi imperceptible se despliega el pesado y raido telón).

La vida, su primer plano,
latiente su cuerpo, mágicos espectros por qué no fantasmas, ánimas
cansinas que danzan y cantan su tiempo mejor.

Bajo de un añil farol de gastados silencios, duerme la ilusión,
desengaño incierto,
alguna caricia sin rumbo y consuelo
muere poco apoco...Frío y desconsuelo.

La herida está abierta
es brecha, socavón irónico
que sangra en su pecho,
duele en las entrañas,
mancha con oscuras sombras...
¿Muere acaso el viento?

El payaso saltimbanqui
de triste sonrisa,
le obsequia una rosa, una pirueta.
Ensaya su chiste, pantomima heroica.
El vigilante ríe cual criatura,
recuerda, ¿Quién sabe?
su tiempo de niño.

Letárgico en sueños
duerme algún linyera,
matando sus horas, su pérdida.
Con voz disonante anuncia la prensa
algún canillita, recorre en su paso
las mismas pisadas, rutina...Su senda.

Los bares se apagan,
mueren los poetas, bohemios y locos, ya sus copas vuelcan
de vino gastado, aromado en prosas.

(Voz de indicación del director)

- Cambien luces, aumenten intensidad de cenitales rojos y
amarillos....

La magia, se pierde,

ánimas, estantiguas, se desvanecen.

El payaso se marchó con alguna pirueta, yace sobre el asfalto una rosa blanca, si hasta el vigilante se ha marchado, llevando al linyera de sueños perdidos, desde la vereda me pienso y me miro...

La vida ha cambiado, la noche es olvido.

EL ESPEJO

"La belleza exterior no es más que el encanto de un instante. La apariencia del cuerpo no siempre es el reflejo del alma."

— George Sand (1804-1876). Escritora francesa.

De pié frente a tu marco
voy enfocando mi cara,
más tu sin desenfado
reflejas mi mirada.

Recorro lentamente
cada surco que mi frente ostenta,
trato de definir el motivo
más allá del tiempo,
cual indeleble marca encierra.

Mis cabellos se tiñeron
de cenizas color años,
casi imperceptible,
como la noche misma,
yacen pálidos destellos
de su color pasado.

Implacable reflejas
sin piedad los ánimos,

al igual que rey despótico
no tienes misericordia, tacto.

Eres cruel, y hasta nefasto.
¿Ya olvidaste que de mozuelo
todo el día te buscaba?
Cuánto tiempo me miraba,
si hasta pretexto buscaba,
para ensayar algún diálogo
que le diría a mi enamorada

Inclemente en los detalles
juzgas minucioso mi facie,
no reparas en ocultar por caridad
cada gesto que me acusa.

Calas en lo más profundo,
mientras mis ojos se deslizan
por sobre del plano cristal
empañado por las ansias.

Ahora me encuentro
sentado en el banquillo
de los acusados,
más bien diría de los acosados,
ya desgasté los peines,

si hasta mi barba a cambiado.

Es inevitable, me miras
te miro, remota visión
de estar atrapado en el vidrio,
carcelero de imágenes,
secuencias pasajeras raptadas
por las garras del olvido.

Desearía que mis ojos
fueran la miopía cotidiana,
tener las llaves de la profundidad
que me atrapa,
poder empeñar tu cristal
y esfumar el tiempo que no para.

Somos dos confidentes
que naufragamos en la hégira,
remando contra marea
el inmutable cambio incierto.
apago la luz y me marcho,
sonrió por ahora sin luz,

Finalizado esta charla.
ahora soy yo el jurado,
que sentencia en eminente,

las imágenes atrapadas en ese
marco refulgente.